돈, 금, 달러
이야기

우리가 몰랐던 경제의 숨겨진 비밀

돈, 금, 달러 이야기

글 김부일 | 그림 이우영

한스미디어

저자의 말

대부분 사람은 큰 부자가 되기를 바라지는 않는다. 그저 먹고사는 데 문제없고 자식들 키우며 약간의 여유만 가질 수 있기를 바랄 뿐이다.

수많은 이들이 죽을 듯 열심히 사는데 왜 만날 그 타령일까? 나는 늘 그것이 궁금했다. 그 때문에 많은 사람에게 그 까닭을 묻기도 하고 적지 않은 책도 뒤적였다. 그러기를 수년 여, 이윽고 나는 책을 좀 써야겠다고 다짐했다. 직업이 직업이니만큼 만화를 통해 가능한 한 재미있게 풀어내고자 했다.

이 책의 전편인 《다짜고짜 만화경제학》 1권은 자본주의라는 황당한 체제가 어떻게 만들어졌는지를 다뤘다. 이에 대해서는 유럽의 기독교 식민제도와 기독교 연구를 전공한 학자 호윗(W. Howit)의 다음 말로 요약할 수 있을 것이다.

"이른바 기독교 인종이 세계 곳곳에서 예속시킬 수 있었던 모든 민족에 대하여 자행해온 만행과 무자비한 잔학 행위는 세계 역사상 어느 시대에서도, 또 어떤 야만적이고 무지하며 몰인정하고 파렴치한 인종에서도 그 유래를 찾아볼 수 없는 것들이다."(《자본 1-2》, 1007~1008쪽.)

저렇게 예속된 수많은 나라는 현재도 야만적이고 몰인정하며 파렴치하게 '수탈'당하고 있다. 말 그대로다. 우리는 모두 수탈당하고 있다. 그래서 이번 《돈, 금, 달러 이야기》는 '부'를 직접 약탈하는 작자들과 그렇게 약탈한 '부'를 가장 은밀하게 수탈하는 족속들의 정체를 밝히는 데 초점을 맞췄다.

초창기 유럽의 권력자들은 아메리카 등지에서 약탈로 금은 등의 귀금속을 모았다. 물론 그 동력은 아메리카 원주민, 아프리카, 아시아 등지의 수억

명 노예 노동이었다. 동시에 전 유럽의 대부분 인민도 임금노예로 전락해야만 했다. 그렇게 유럽의 권력자들과 부자들은 금과 은 등을 게걸스럽게 모았지만 일군의 고리대금업자들은 그들로부터 안전한 보관과 알량한 이자를 미끼로 그 금을 간교하게 탈취했다. 그들은 금 대신 국민의 빚 증서(국채)를 자산으로 삼았고, 마침내 닉슨쇼크로 마지막 태환 기능마저 파렴치하게 파기했다. 그래서 지금은 금보다 양이 훨씬 많은 석유가 그 역할을 맡고 있다. 뒤이어 그들은 쓸모라곤 전혀 없는 종이 지폐를 남발해, 전 세계의 온갖 값진 것들을 마구 사들였다. 또한 그들에 의해 상업 자본가들과 산업 자본가들은 끊임없이 수탈당해야 했다. 서민들의 얇은 주머니도 예외 없이 털렸다.

마침내 2008년 대공황이 터졌다. 우리 서민들은 산업 자본가들에게는 더 많은 노동을, 고리대금업자들에게는 더욱 많은 이자를, 지주들에게는 더욱 많은 세금을 수탈당하게 되었다. 그 결과 우리의 삶은 더욱 피폐해지고 어려워졌다. 최고의 부자들이 더 큰 부자가 됐으니까 말이다.

마지막으로 필자가 진정 원하는 것은 수탈당하는 많은 사람과 핵 위협에 노출된 가여운 후세들에게 작게나마 이 책이 도움이 되는 것이다.

아울러 이 책이 나오기까지 도와준 분들이 많다. 특히 그림을 열심히 그려준 《검정고무신》의 국민 만화가 이우영, 못난 가장 때문에 고생하는 우리 가족 모두에게 깊이 감사드린다.

글쓴이 김부일

목차

- 저자의 말 · 4
- 프롤로그 · 8

6부 돈은 대체 뭘까?

1장 돈이 뭐냐고? · 17
2장 금융업자의 탄생 · 27
3장 닉슨쇼크와 대출의 세계화 · 49
4장 중앙은행은 출발부터가 거대한 고리대금 기관이었다 · 71
5장 왜 물가는 계속 오르기만 하나? · 89

7부 과연 그들은 어떻게 돈을 버나?

1장 무엇이 나를 아프게 하는가? · 125
2장 사용 가치와 교환 가치 · 137
3장 부의 열쇠, 인간의 노동 상품 · 159
4장 그래서 그들은 우리를 관리하고 있다 · 199

◎ 인물 해설 · 242
◎ 용어 해설 · 244
◎ 참고 문헌 · 246

사랑도 돈이 있어야 하더라~

돈은 대체 뭘까?

6부

1장

돈이 뭐냐고?

돈에 관한 글을 쓰는 것은
돈을 버는 것에 비하면 아무것도 아니다.
돈을 손에 넣은 자들은
돈에 대한 글을 쓰는 사람들을 마음껏 조롱한다.
– 볼테르의 《철학사전》에서

《화폐의 역사》, 재인용.

예를 들면, 흔히 에디슨을 발명왕이라고 부르잖아?!

《화폐전쟁》, 26쪽.

2장

금융업자의 탄생

1503~1660년 동안
18만 5000킬로그램의 금과 1600킬로그램의 은이
스페인의 항구에 들어갔다.

《수탈된 대지》, 78쪽.

*골드 스미스(Goldsmith): 금세공인

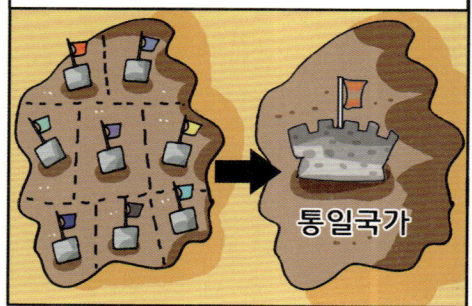

*불임(不姙): 사람이나 동물이 아이나 새끼를 가지지 못함.

3장

닉슨쇼크와 대출의 세계화

이때부터 미국이 원하기만 하면 얼마든지 돈을 만들 수 있게 됐다는 의미이기도 하다. 사실 이는 거의 '혁명'과도 같은 일이었다. 이 조치를 통해서 미국은 마음만 먹으면 무제한으로 돈을 찍어내고 원하는 대로 빚을 질 수 있게 된 것이다. 금의 보유량과 전혀 무관한 화폐 발행권을 가지게 된 것이다.

《EBS 다큐프라임 자본주의》, 84쪽.

첫째, 미국은 커다란 땅에 기계로 농사를 짓기 때문이오.

둘째, 농약을 듬뿍 뿌리기 때문에 병충해가 없으며 셋째, 화학비료를 왕창 쓰기 때문에 소출도 많습니다.

반면 우리나라는 조그만 논에 온 가족이 들러붙어 일하고,

병충해라도 발생하면, 소출이 확 줄어 당연히 비쌀 수밖에요.

게다가 미국은 식량만은 지켜야 한다며, 농사짓는 아주 큰 기업에 엄청난 지원금까지 주고 있습니다.

*물가상승률을 고려한 베트남전의 전쟁 비용은 6700억 달러에 이른다(《한겨레21》, 2008년 01월 03일 제692호).

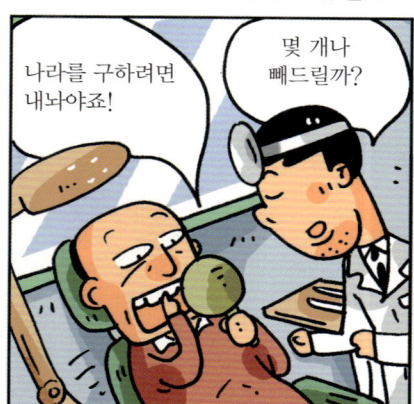

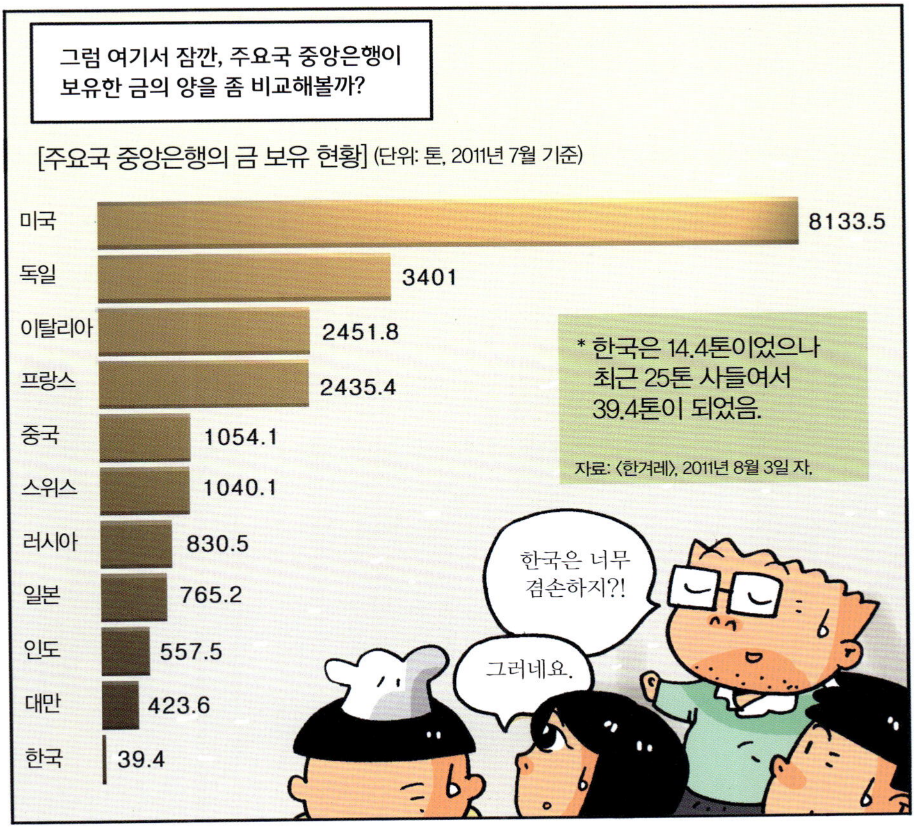

그럼 여기서 잠깐, 주요국 중앙은행이 보유한 금의 양을 좀 비교해볼까?

[주요국 중앙은행의 금 보유 현황] (단위: 톤, 2011년 7월 기준)

국가	보유량
미국	8133.5
독일	3401
이탈리아	2451.8
프랑스	2435.4
중국	1054.1
스위스	1040.1
러시아	830.5
일본	765.2
인도	557.5
대만	423.6
한국	39.4

* 한국은 14.4톤이었으나 최근 25톤 사들여서 39.4톤이 되었음.

자료: 〈한겨레〉, 2011년 8월 3일 자.

한국은 너무 겸손하지?!

그러네요.

참고로 이런 그래프를 경기순환곡선이라고 하는데, 금값이 어떻게 변하는지 봐!

경기순환곡선

경기 활황기 금값이 똥값

경기 침체기 금값이 금값

그러나 앞으로 당분간 저런 그래프를 또 보긴 어려울 거야. 대공황이니까!

살다 살다 이렇게 장사 안되기는 처음이유~.

큰일이네!

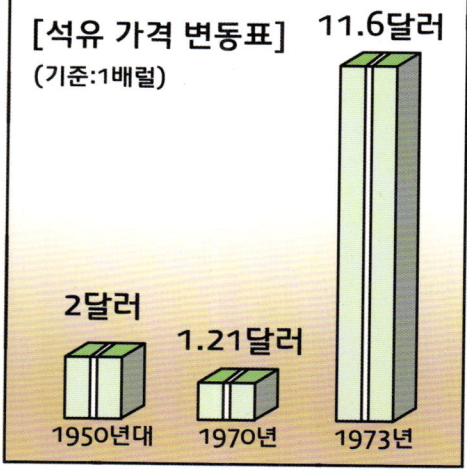

그러나 대강 다음과 같은 이유로 거절당한 거 같아!

그리고 미국의 압력도 암암리에 좀 작용했다고 볼 수 있겠지?!

이처럼 금이 배경이던 달러가 상대적으로 양이 엄청 많은 석유로 바뀌자, 미국은 더 신 나게 달러를 찍었겠지?!

한편, 온 세상 사람들은 1·2차 오일쇼크 때문에 더욱 물가고에 시달렸지.

또한 석유를 팔던 산유국들은 달러가 너무 많아 금고 사느라 나름 시달렸겠지?!

*오일피크(Peak Oil): 석유 생산이 최고점에 이르는 시점.

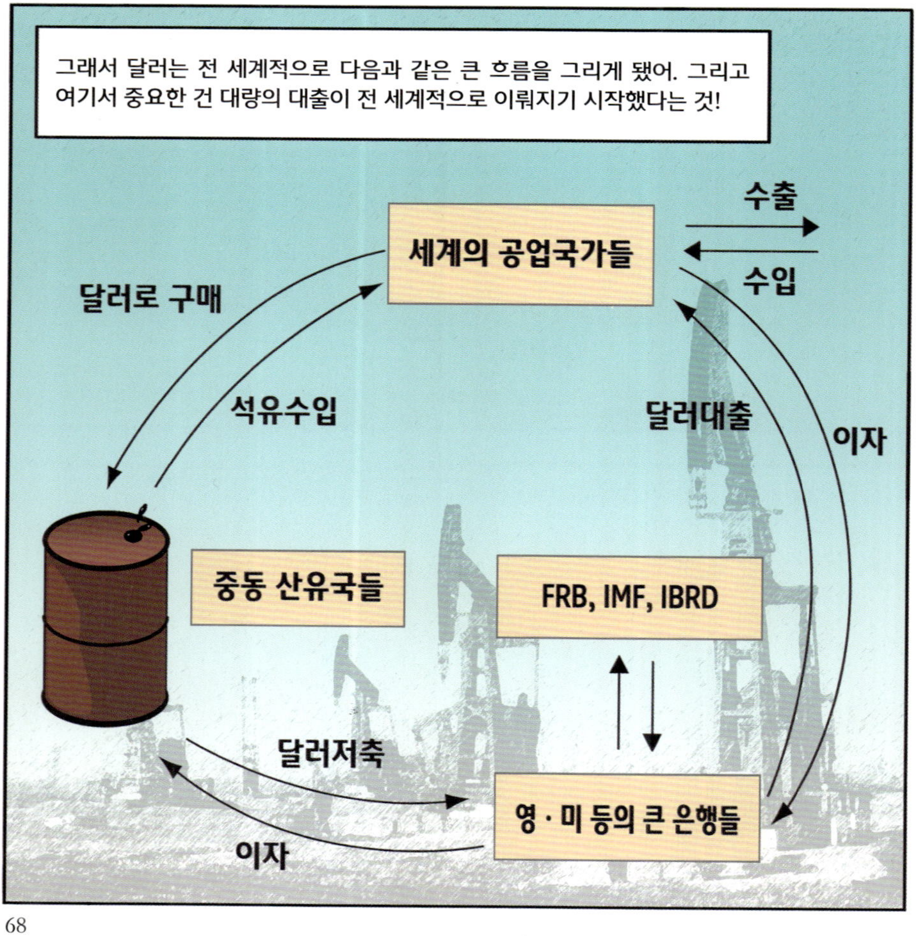

그래서 달러는 전 세계적으로 다음과 같은 큰 흐름을 그리게 됐어. 그리고 여기서 중요한 건 대량의 대출이 전 세계적으로 이뤄지기 시작했다는 것!

- 세계의 공업국가들
- 수출 / 수입
- 달러로 구매
- 석유수입
- 중동 산유국들
- 달러대출 / 이자
- FRB, IMF, IBRD
- 달러저축
- 이자
- 영·미 등의 큰 은행들

*변동 금리: 대출하거나 예금할 때 약정한 금리가 우대 금리에 연동해서 바뀌는 금리.

금융자본 세력은 지극히 원대한 계획을 세우고 있다.
이 계획은 금융 시스템을 세워 세계를 통제하는 것이다.
이 시스템은 극소수에 의해 통제되고
정치 및 세계경제 체제를 주도할 수 있다.
이 시스템은 봉건독재 방식으로 중앙은행가들에 의해 통제되는데,
은행가들의 빈번한 회의를 통해 도출된 비밀 협의로 시스템을 조정한다.
이 시스템의 핵심인 스위스 바젤의 국제청산은행은 민간 은행이며,
이를 통제하는 중앙은행들 자체도 마찬가지로 민간 기업이다.
각 중앙은행은 재정대출 통제, 외환거래 조작,
국가 경제의 움직임에 간여하기,
상업 분야에서 협력을 유지하는 정치가의
이익 돌보기 등의 방식으로
각자의 정부를 통제한다.

《화폐전쟁》, 220쪽.

나는 해가 지지않는 잉글랜드 제국을 통치하는 왕이 누군지 상관하지 않는다. 대영제국의 통화공급을 통제하는 사람이 곧 대영제국의 통치자다.

네이선 로스 차일드

4장
중앙은행은 출발부터가 거대한 고리대금 기관이었다

잉글랜드 은행은 창립과 함께 정부에 대하여 자신의 화폐를 8%의 이자율로 대부하기 시작하였다.

《자본 1-2》, 1011쪽.

*대부(貸付): 금융 기관에서 일정 기간 이자를 받고 돈을 빌려줌. 증서 대부, 어음 대부 따위가 있다.

*어음(Bill): 발행하는 사람이 일정한 금전의 지급을 약속하며 발행하는 일종의 지급보증서. 쉽게 말해 외상 증서라 보면 된다.

*주화(鑄貨, Coin): 표면에 새겨진 표시에 따라 특정한 고유 가치나 교환 가치가 있다고 보증된 금속 조각.

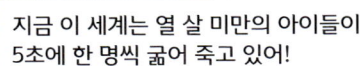

*증세(增稅) : 세금을 늘리거나 세율을 높임.

화폐는 성실함을 성실하지 않음으로,
사랑을 미움으로, 미움을 사랑으로, 덕을 악덕으로,
악덕을 덕으로, 노예를 주인으로, 주인을 노예로,
우둔함을 총명함으로, 총명함을 우둔함으로
전환시킨다.
현존하며 활동하고 있는 가치의 개념으로서
화폐는 만물을 혼란케 하고 전도시키기 때문에,
그것은 만물의 보편적 혼란이요 전도이며,
따라서 전도된 세계요,
모든 자연적·인간적 성질들의 혼용이요, 전도이다.
용감함을 구매할 수 있는 사람은
그가 비겁하다 해도 용감한 사람이다.
화폐는 특정한 성질, 특정한 사물, 특정한 인간적 본질력과 교환되지 않고
인간적·자연적·대상적 세계 전체와 교환되기 때문에
화폐는 -그 소유자의 시각에서 보면- 모든 속성을
모든 속성과 -그 속성과 모순되는 속성과 대상까지도- 교환한다.
화폐는 불가능한 일들을 친숙한 것으로 만들며,
자신과 모순되는 것들에게 자신과 입 맞추도록 강요한다.

《경제학-철학수고》, 180~181쪽.

5장

왜 물가는 계속 오르기만 하나?

레닌은 화폐 가치를 인하하는 것이
자본주의 제도를 전복할 수 있는 제일 좋은 방법이라고 했다.
연속되는 인플레이션 과정에서 정부는 비밀리에 국민의 재산 일부를 몰수할 수 있다.
이 방법을 통해 마음대로 국민의 재산을 뺏어올 수 있다.
다수가 가난해지는 과정에서 소수는 벼락부자가 된다.
어떤 수단도 통화팽창만큼 은밀하고 확실하게 현 정권을 전복할 수는 없다.
이 과정은 잠재적으로 각종 경제 규칙의 파괴 요소를 누적하게 된다.
100만 명 가운데 단 한 사람도 문제의 근원을 발견해내기 어렵다.

《화폐전쟁》, 185쪽.

《EBS 다큐프라임 자본주의》, 85~86쪽.

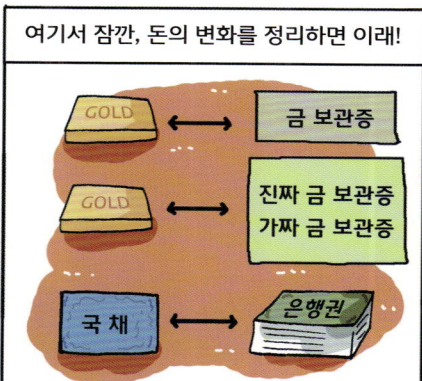

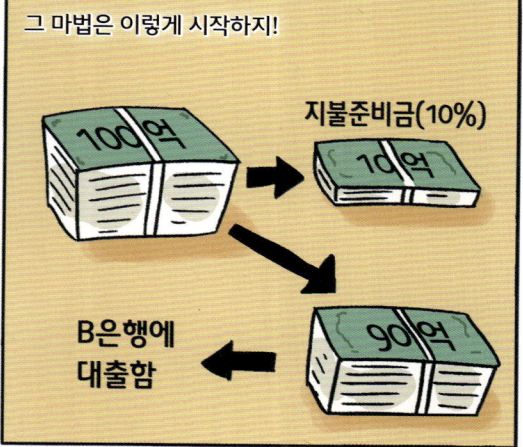

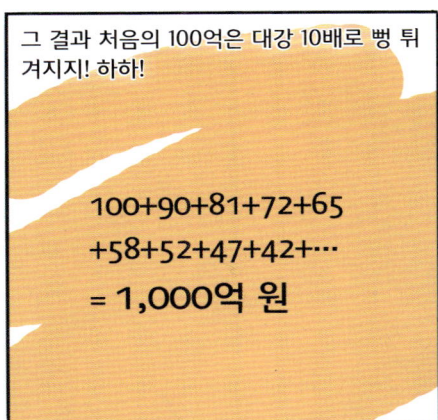

참고로 미국과 영국, 유럽연합, 캐나다, 일본을 포함해 중앙은행이 취급하는 것은 지폐뿐이다.

그 밖의 나라에 대해서는 자료를 찾지 못했지만, 사정은 위의 다섯 나라와 똑같으리라고 생각된다.

하나부터 열까지 미국의 연방준비은행을 따라 한다는 것은 일본도 연방준비은행에 골수까지 빨아 먹히고 있는 미국과 같은 운명을 걷게 된다는 뜻일까?

어떤 이들은 불, 바퀴와 더불어 이 FRB를 '인류 최고의 발명품'이라고 말하기도 했다.

일반적인 상식으로는 도저히 이해가 불가능한 것이 존재하는 것이다.

그저 한 국가의 힘 있는 몇몇 은행가들이 만들어낸 민간 은행 연합이 달러를 마음대로 찍을 수 있고,

그 달러가 전 세계를 쥐락펴락할 수 있다는 사실이 믿기는가?

《EBS 다큐프라임 자본주의》, 86쪽.

수표나 신용화폐가 어떻게 돌아가는지 아는 극소수의 사람은

그 시스템이 형성하는 이윤에 큰 관심을 두거나,

그 시혜자인 정치가와 결탁해 자기편으로 만들어버린다.

그러나 대부분은 이 시스템으로 파생되는 자본이 가져오는 거대한 이익에 대해 알 도리가 없다.

그들은 압박을 받으면서도 전혀 불만을 품지 않는다.

심지어 이 시스템이 자신의 이익을 해치지 않을까 의심하지도 않는다. -로스차일드 형제(1863년)

《화폐전쟁》, 26쪽.

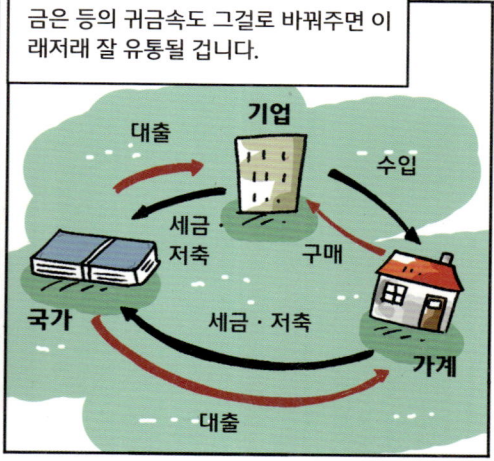

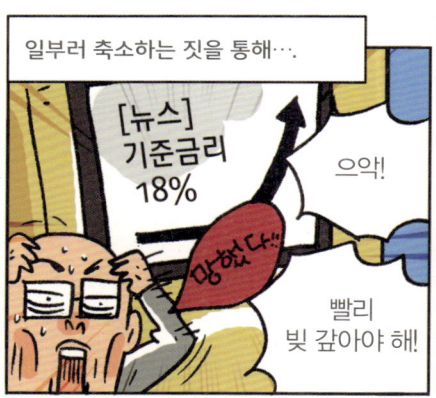

금? 귀중하고 반짝거리는 순금? 아니 신들이여!
헛되이 내가 그것을 기원하는 것은 아니라네.
이만큼만 있으면, 검은 것을 희게,
추한 것을 아름답게 만든다네.
나쁜 것을 좋게, 늙은 것을 젊게,
비천한 것을 고귀하게 만든다네.
이것은 사제를 제단으로부터… 유혹한다네.
반쯤 회복된 병자에게서 베개를 빼내버린다네 그렇다네.
이 황색의 노예는 풀기도 하고 매기도 하니, 성스러운 끈을.
저주받은 자에게 축복을 내리네.
문둥병을 사랑스러워 보이게 하고,
도둑을 영광스런 자리에 앉힌다네.
그리고 도둑에게 작위와 궤배와 권세를 부여한다네. 원로원회의에서.
이것은 늙어빠진 과부에게 청혼자를 데리고 온다네.
양로원에서 상처로 인해 심하게 곪고 있던 그 과부가,
메스꺼움을 떨쳐버리고 향수를 발라 젊어져 오월의 청춘이 되어
청혼한 남자에게 간다네.
—셰익스피어, 〈아테네의 티몬〉

《상처받지 않을 권리》, 17쪽.

과연 그들은 어떻게 돈을 버나?

7부

1장

무엇이 나를 아프게 하는가?

사회인은 항상 활동적이며 땀을 흘리고 돌아다니고,
보다 힘든 일을 찾아 계속 신경을 쓴다.
그는 죽을 때까지 일하고 살 수 있게 하기 위해서
죽음을 서두르는 일도 있으며,
불후의 명성을 얻기 위해선 현세를 버린다.
그는 자기가 미워하고 있는 권력자나
경멸하고 있는 부자들에게 아첨하면서
그들에게 봉사하는 영광을 얻기 위해서 무슨 일이든 가리지 않는다.
그는 자기의 천함과 그들의 보호를 으스대고 자랑한다.
그리고 자기의 노예 상태를 자랑하고,
거기에 관계되는 명예를 갖지 못한 사람들의 일을 모멸하여 말하는 것이다.

《인간불평등 기원론》, 122쪽.

2장
사용 가치와 교환 가치

VOGUE야 넌 잡지가 아냐
섹스도 아냐 유물론도 아냐 선망조차도
아냐-선망이란 어지간히 따라갈 가망이 있는
상대자에 대한 시기심이 아니냐, 그러니까 너는
선망도 아냐

마룻바닥에 깐 비니루 장판에 구공탄을 떨어뜨려
탄 자국, 내 구두에 묻은 흙, 변두리의 진흙,
그런 가슴의 죽음의 표식만을 지켜온,
밑바닥만을 보아온, 빈곤에 마비된 눈에
하늘을 가리켜주는 잡지
VOGUE야

신성을 지키는 시인의 자리 위에 또 하나
넓은 자리가 있었던 것을 자식한테
가르쳐주지 않은 죄 - 그 죄에 그렇게
오랜 시간을 시달리면서도 그것을 몰랐다
VOGUE야 너의 세계에 스크린을 친 죄,
아이들의 눈을 막은 죄 - 그 죄의 앙갚음
VOGUE야

그리고 아들아 나는 아직도 너에게 할 말이
왜 없겠는가 그러나 안 한다
안 하기로 했다 안 해도 된다고
생각했다 안 해야 한다고 생각했다
너에게도 엄마에게도 모든
아버지보다 돈 많은 사람들에게도
아버지 자신에게도

〈VOGUE야〉, 《김수영 전집 1: 시》, 341~342쪽.

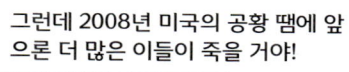

《세계대공황》, 238쪽.

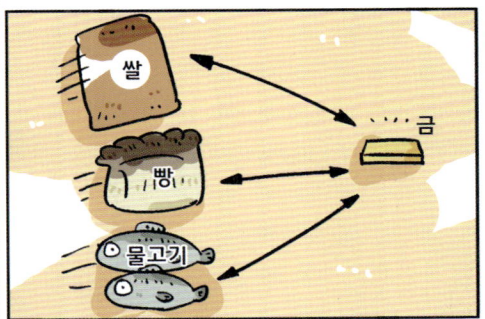

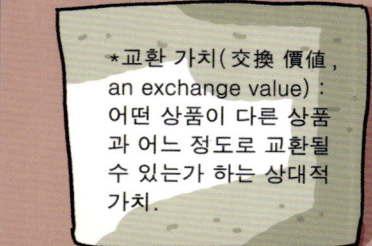

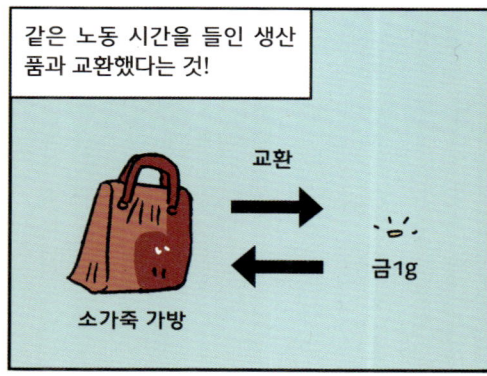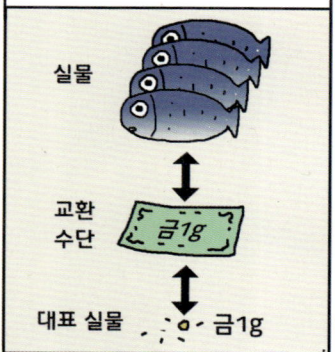

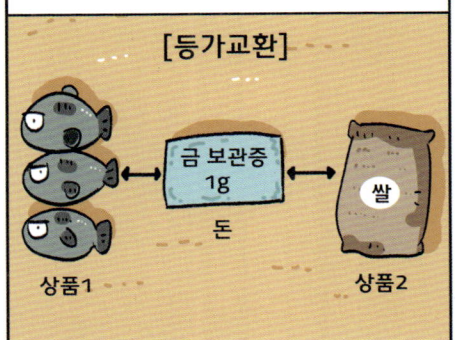

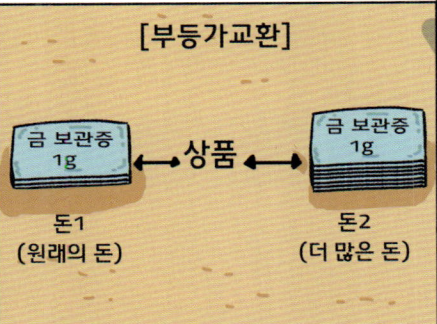

부르주아지는 역사적으로 매우 혁명적인 역할을 수행해왔다.

지배권을 얻은 부르주와지는 봉건적, 가부장제적인 그리고 목가적인 관계들을 모두 파괴했다. 그들은 타고난 상전들에게 사람들을 묶어놓던 갖가지 색깔의 봉건적 끈들을 가차 없이 끊어버렸고 인간과 인간 사이에 적나라한 이해관계, 무정한 '현금 지불' 외에 다른 어떤 끈도 남겨두지 않았다. 그들은 신앙심에서 우러나오는 경건한 광신, 기사의 열광, 속물적 애상의 성스러운 전율을 이기적 타산이라는 얼음같이 차가운 물속에 익사시켰다. 부르주아지는 개인의 존엄을 교환 가치로 용해시켰고, 문서로 확인되고 정당하게 획득된 수많은 자유들을 단 하나의 비양심적인 상업 자유로 대체했다.

《공산당 선언》, 18~19쪽.

3장

부의 열쇠, 인간의 노동 상품

> 잠에서 깬 사자처럼 일어서라
> 저들이 도저히 격파할 수 없을 만큼
> 많은 수를 모아!
> 잠든 사이 떨어졌던 이슬방울을 털어내듯
> 너희 몸에 묶인 족쇄를 떨쳐내라
> 너희는 다수이고, 저들은 소수이다!
>
> 《미국 민중사》 2권, 574쪽.

《그들의 경제 우리들의 경제학》, 43쪽 재인용.

*이이제이(以夷制夷): 오랑캐로 오랑캐를 친다는 뜻으로, 어떤 적을 이용하여 다른 적을 제어함을 이르는 말.

175

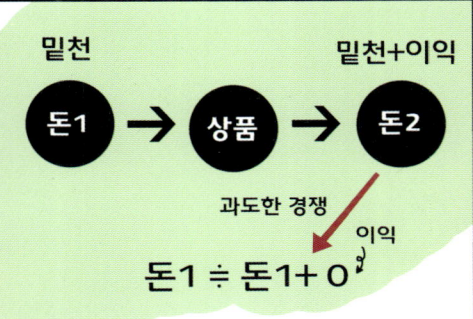
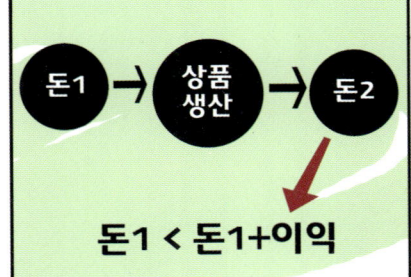

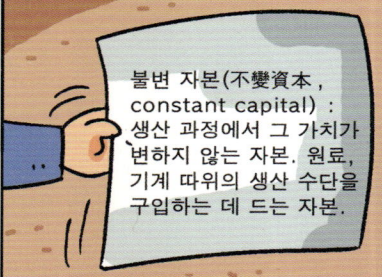

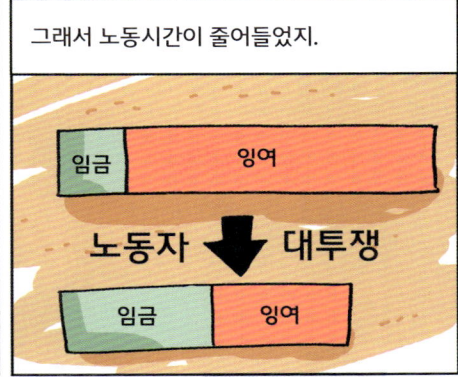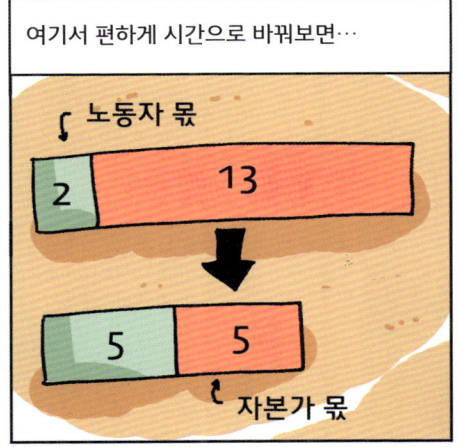

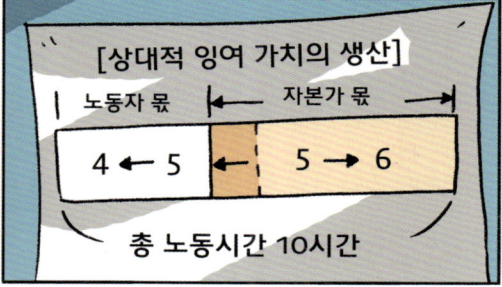

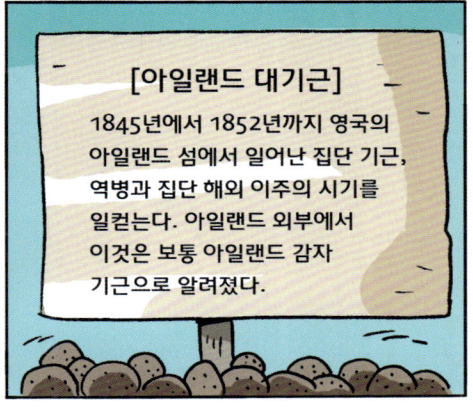
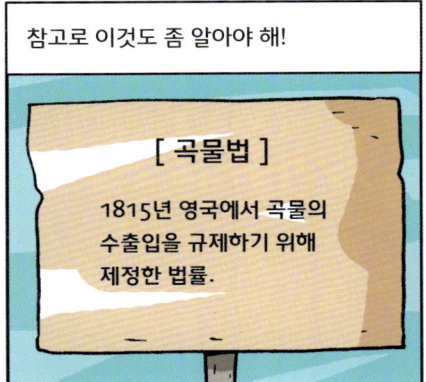

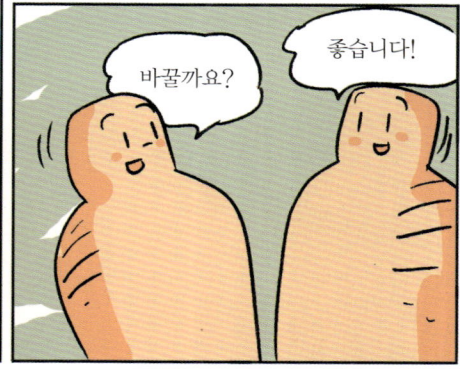

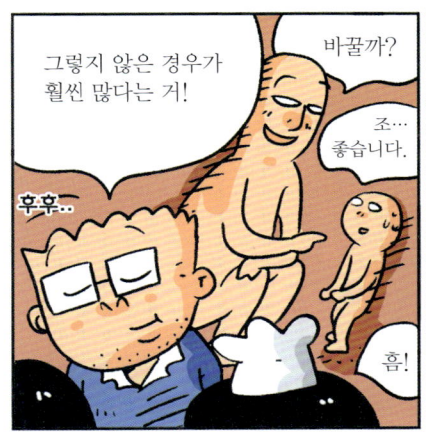

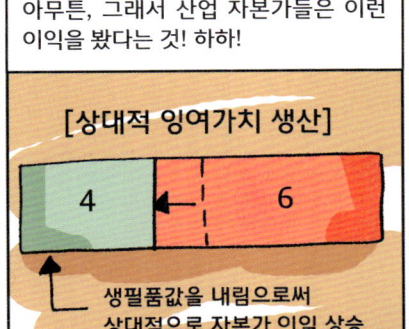

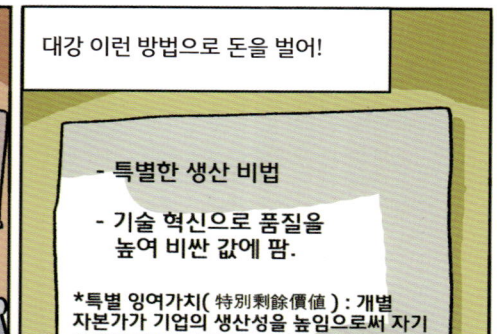

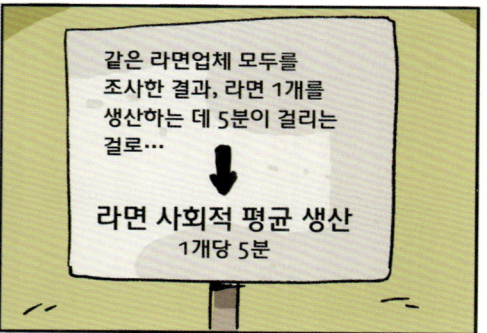

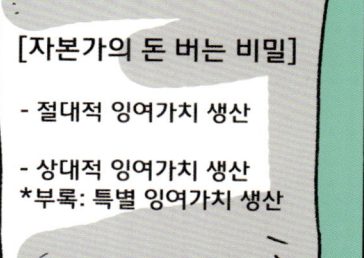

그렇다면 전반적으로 당신의 견해로는
현재의 제도(은행법)가 산업 부문의 이윤을
정기적으로 고리대금업자의 돈주머니 속으로 가져다주기 위해
고안된 제도라는 것인가?
그것이 나의 견해이다.
나는 건축 분야에서 그것이 그렇게 작용한 것을 잘 알고 있다.
―은행법위원회, 1857년

《자본 3-2》, 770쪽.

4장
그래서 그들은 우리를 관리하고 있다

> 노동자들을 굶어 죽지 않게 하는 것도 중요하지만,
> 그들에게 저축할 만한 가치가 있는 것을
> 아무것도 주지 말아야 하는 것도 매우 중요하다.…
> [이들은] 자신들이 벌어들인 것을 모두 지출해야만 한다.…
> 일하는 사람을 부지런하게 만들 수 있는 유일한 요인은
> 적당한 임금이다.
> 《자본 1-2》, M642~643.
> 《그들의 경제 우리들의 경제학》, 114쪽 재인용.

여기저기서 최하층 계급 사람들 가운데 몇몇이 놀라울 정도의 근면과 검약으로 자신들이 살아온 처지를 넘어서 계층 상승을 한다면 아무도 그것을 방해해서는 안 된다.

사실 사회의 모든 개인이나 가정에 가장 현명한 생활방식은 의심할 나위 없이 검약하게 살아가는 것이다.

그러나 한 나라가 부유해지기 위해서는 대부분 빈민이 결코 그렇게 살지 말아야 하고,

또한, 자신들이 벌어들인 것을 모두 지출해야만 한다….

자신의 삶을 하루하루의 노동으로 꾸려나가는 사람들에게는 그들의 욕망을 제외하고는

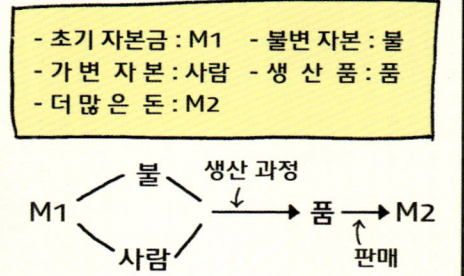

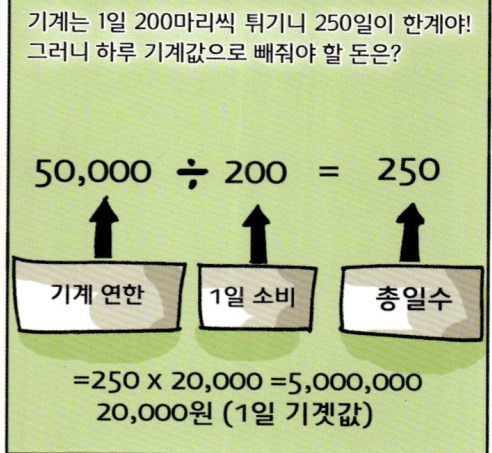

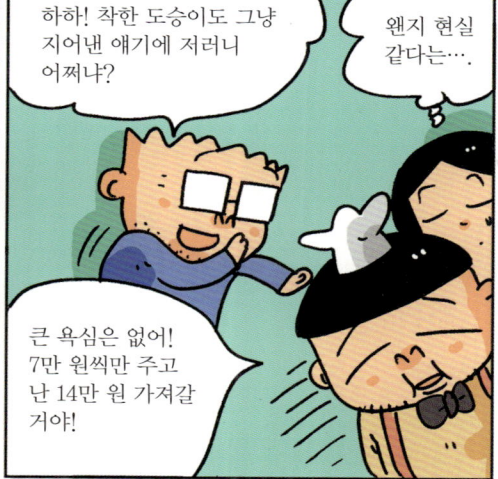

물론, 그들의 이익은 노동자의 노동을 헐값에 산 덕분이지만 말이야. 자~ 그럼, 그 산업 자본가의 이익이 그 외 자본가들과 어떻게 나뉘는지 다음 그림을 시작으로 쭉 훑어보자고!

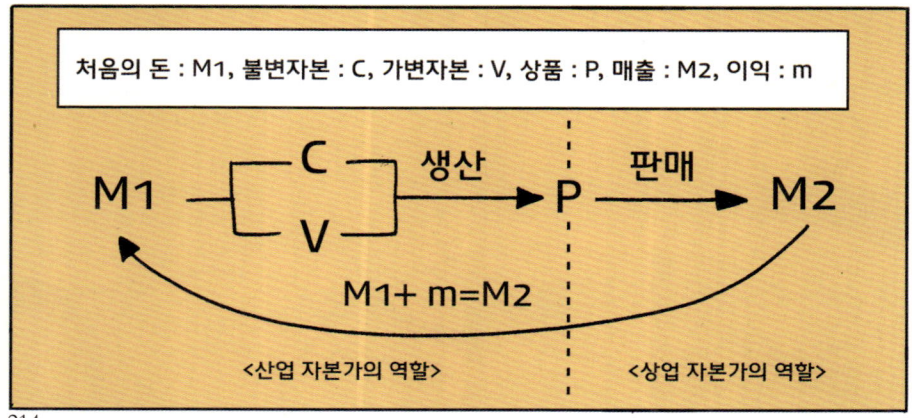

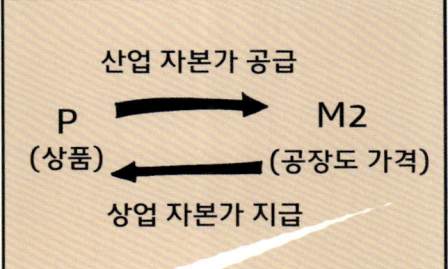

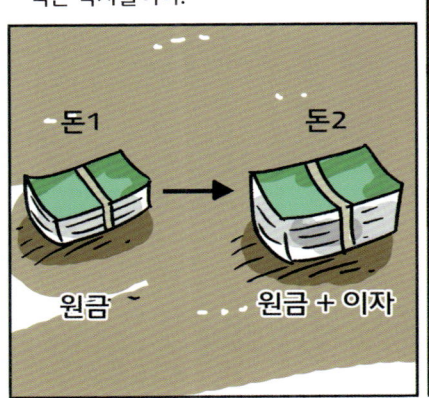

《그들의 경제 우리들의 경제학》, 176쪽.

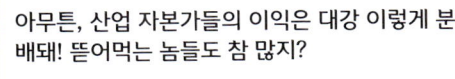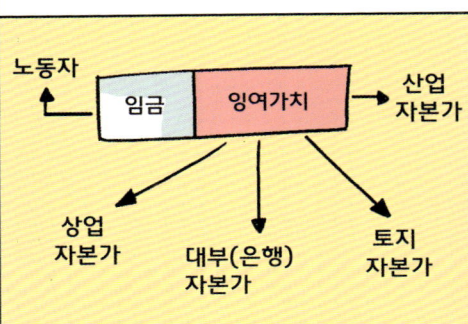

《자본 3-2》, M782~783.

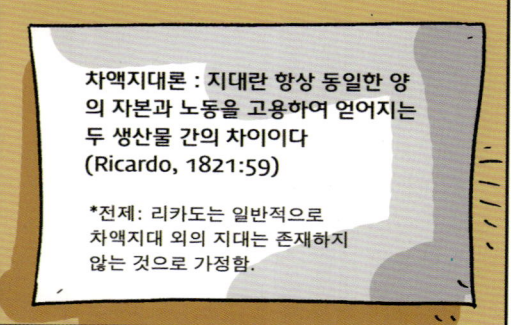
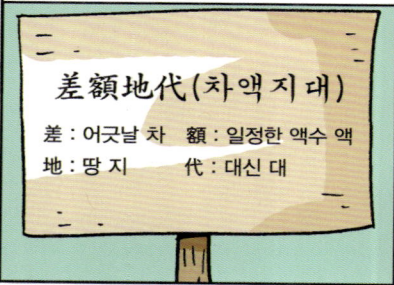

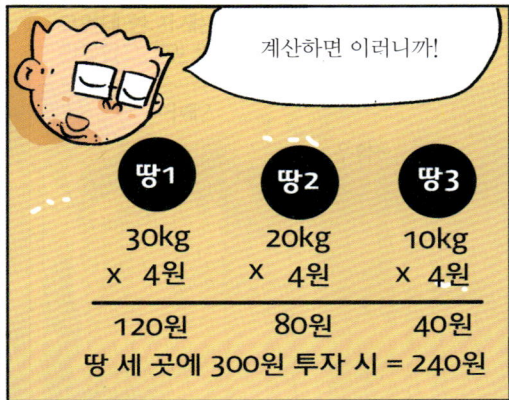

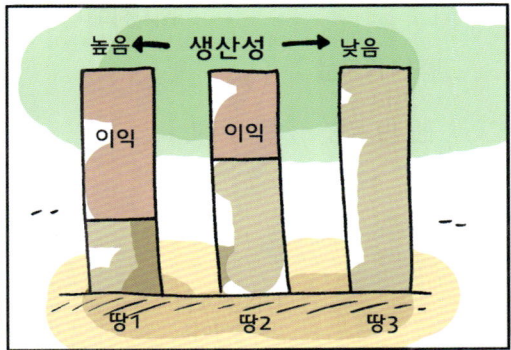

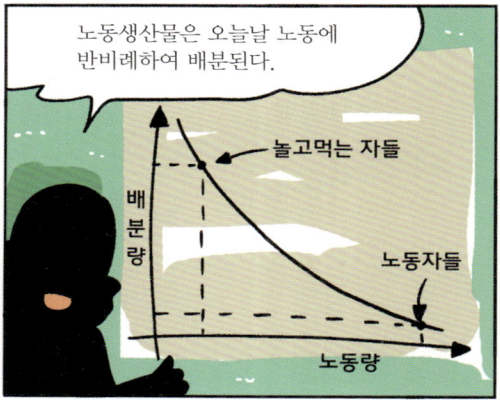

이런 방식으로 노동이 점점 격렬해지고, 힘들어지는데 비례해 보수는 더 적어져.

마침내 가장 힘이 들고 체력 소모가 많은 육체노동은 생활필수품의 획득조차도 보장될 수 없을 정도가 된다.

《자본 1-2》, 835쪽.

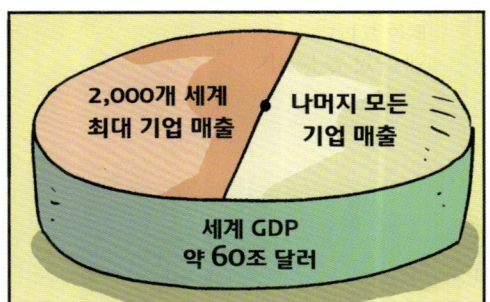

지금까지 이스트엔드는 찢어지게 가난한 정체 상태를 벗어나지 못했습니다. 그런 상태의 특징은 배고픔 때문에 정신이 피폐해진 사람들이 냉담해지고 모든 희망을 포기한다는 것입니다….
그런데 이제 가장 사기 저하했던 무리, 즉 항만노동자들이 이 대규모 파업을 일으켰습니다. 강력하고 경험 많고 비교적 고임금을 받고 고용이 안정된 정규직 노동자들이 아니라 어쩌다가 항만으로 굴러 들어온 사람들, 요나*처럼 배가 난파해 고립무원의 처지에 빠진 사람들, 굶기를 밥 먹듯이 하던 사람들, 완전한 파멸을 향해 직행하던 인생 낙오자들이 파업을 일으킨 것입니다.
…매일 아침 항만의 문이 열리면 일을 지시하는 작자의 마음에 들려고 문자 그대로 아귀다툼을 벌이던, 아둔하게 절망에 빠져 있던 이 인간 군상들, 되는대로 마구잡이로 어울리고 변덕이 죽 끓듯 하던 저 대중이, 4만 명이나 모여 강력하고 규율 있는 집단을 이루자 강력한 항운 기업들이 겁을 먹었습니다.
-프리드리히 엥겔스는 런던 항만 노동자들이 처음 파업을 벌인 1889년에 바로 이런 일이 일어났다고 진술했다.

《자본 3-2》, 770쪽.

*요나: 이스라엘 왕국의 예언자로 히브리어 성경에 기록된 이름이며, 요나 서의 중심인물로 번역에 따라 다르지만, 물고기 또는 고래에 삼켜진 것으로 유명하다.

인물 해설

20p.
토머스 앨바 에디슨 Thomas Alva Edison, 1847~1931
미국의 발명가 및 사업가이다. 세계에서 가장 많은 발명을 남긴 사람으로 1,093개의 미국 특허가 에디슨의 이름으로 등록되어 있다.

21p.
존 피어폰트 모건 John Pierpont Morgan 1837~1913
미국의 은행가로 J.P. 모건 회사를 설립했다. 미국 코네티컷 주 하트퍼드 출생으로 독일 괴팅겐 대학교를 졸업했다. 아버지 헨리 S. 모건이 하던 금융업에 들어가 아버지가 죽은 후 1895년 회사 이름을 J.P. 모건 회사로 바꾸었다. 아버지와 함께 영국의 자본을 동원해 신흥 미국 시장에 투자시키는 데 성공하고 19세기 후반 미국의 공업과 철도를 위한 자금 조달에 중요 구실을 했다.

22p.
하워드 진 Howard Zinn 1922~2010
미국의 역사·정치학자이자 사회운동가. 가난한 조선소 노동자 출신으로 흑인 인권 운동과 반전 평화 운동에 평생을 바친 진보적 실천적 지식인이며 노엄 촘스키와 함께 '미국 현대사의 양심'으로 불린다. 대표작 《미국 민중사》는 세계적 베스트셀러이다.

28p.
네이선 로스차일드 Nathan Rothschild 1777~1836
독일–유대계(German Jews) 혈통의 국제적 금융 재정 가문인 로스차일드에서 마이어 암셸 로스차일드의 셋째 아들이다. 네이선 로스차일드는 런던에 정착해 1811년 NM 로스차일드 부자은행을 창업했다. 이후 이 은행은 영국 금융가를 장악했으며 19세기에는 전 세계 금융업계의 절대 강자로 등극했다. 한편 1815년 프랑스 나폴레옹이 영국, 프로이센 연합군과 벌인 워털루전투 때 영국이 승리했다는 정보를 미리 입수한 그는 영국 국채를 헐값에 내놓는다. 다른 사람들은 그의 행보에서 영국이 패배했다고 확신한 뒤 너도나도 영국 국채를 헐값에 내놓는다. 그는 이 영국 국채를 모조리 사들여 시세 차익으로 큰돈을 벌었다.

29p.
마르코 폴로 Marco Polo 1254~1324
이탈리아 베네치아 출신의 상인이자 탐험가. 그가 겪은 중국에서의 경험이 기록된 《동방견문록》은 유럽 사람들에게 동방에 대한 관심을 불러일으켰다.

44p.
카를 마르크스 Karl Heinrich Marx 1818~1883
독일의 철학자·역사학자·경제학자. 20세기에 가장 큰 영향을 끼친 공산주의 혁명가로 유물사관을 주장하고 공산주의의 이론적 기반을 제공했다. 1847년 엥겔스와 공저한 《공산당 선언》과 《자본론》으로 유명하다. 러시아의 레닌은 마르크스주의를 이론적 기반으로 해 10월 혁명을 주도했다.

63p.
헨리 키신저 Henry Alfred Kissinger 1923~
독일에서 태어난 미국의 유대계 정치인이자 외교관이다. 1969년 닉슨 행정부가 출범하자 대통령 안보 보좌

관으로 합류했다. 1973년에는 윌리엄 P. 로저스 국무장관이 사임하자 56대 국무장관이 되었으며, 포드 행정부 때까지 그 직을 맡았다.

157p.
애덤 스미스 Adam Smith 1723~1790
영국 스코틀랜드 출신의 정치경제학자이자 윤리철학자. 후대의 여러 분야에 큰 영향을 미친 《국부론》의 저자이다. 고전경제학의 대표적인 이론가로 경제학의 아버지로 여겨진다.

239p.
김수행 金秀行 1942~
대한민국의 진보적 경제학자. 대표적인 마르크스주의 경제학자이며, 2008년 서울대학교에서 정년 퇴임한 이후 성공회대학교의 석좌교수로 재직 중이다. 민주화 이후 최초로 마르크스의 《자본론》을 완역했다.

용어 해설

22p.
- **제너럴 일렉트릭**(General Electric, NYSE: GE) 미국 코네티컷 페어필드에 본사를 두고 1878년 설립된 미국 굴지의 다국적 복합기업이며, 세계 최대의 미국 종합전기회사이다. 제조업뿐만 아니라 금융, 방송(NBC Universal) 등의 사업에도 진출하고 있다. 뉴욕의 주 사무소는 록펠러 센터의 30 록펠러 플라자에 위치하고 있으며 지붕에 있는 돋보이는 GE 로고 때문에 GE빌딩으로도 알려졌다. NBC의 본사와 주요 스튜디오도 이 건물에 입주해 있다. 자회사인 RCA를 통해서 그 건물이 1930년대에 건축된 이래 이곳과 인연을 만들어왔다. 중전기기(重電機器)와 가정용 전기기구를 주체로, 원자연료 · 제트엔진 · 원자력발전설비도 제조한다. 세계 각국에 자회사 · 계열 회사가 있다. 1892년 설립되었는데, 전신(前身)은 1878년 설립한 에디슨제너럴일렉트릭회사이다. 생산량의 상당량을 미국 국방부에 납품하고 있다.

23p.
- **플랜트**(Plant) 석유화학 설비와 같이 원재료를 투입해 일관 공정을 거쳐 완제품이 나오는 공장 설비 전체를 뜻한다. 발전소, 정유공장 등과 같은 에너지 연관 시설이 플랜트 산업의 90퍼센트 이상을 차지한다. 따라서 에너지 관련 산업의 설비 투자가 늘어나면, 플랜트 산업도 호황을 맞는다.

50p.
- **브레턴우즈 체제**(Bretton Woods System) 1944년 7월 미국 뉴햄프셔 주의 브레턴우즈에서 44개국이 참여하여 미 달러화를 기축으로 하여 조정할 수 있는 고정환율제도의 도입을 통한 전후의 국제통화의 질서를 규정한 협정이다.

57p.
- **닉슨 쇼크**(Nixon shock) 희대의 도청 스캔들 '워터게이트 사건'으로 유명한 미국 제37대 대통령 리처드 닉슨은 1971년 8월 달러와 금의 교환정지(금본위제 완전 폐지)를 포함한 신경제정책을 발표했고, 그 때문에 세계경제가 받은 충격과 변화를 일컬어 '닉슨 쇼크'라고 부른다.

62p.
- **제1차 석유파동**(石油波動, Oil Shock) OPEC이 1973년 가을 제4차 중동전쟁에서 전쟁 당사국인 이스라엘을 지원했던 미국과 그 지원국에 석유 수출을 금지하고 생산량을 감축하면서 발생했다. OPEC은 1973년 10월부터 1974년 1월까지 유가를 세 배 이상 인상했다.

63p.
- **제2차 석유파동** 1970년대 말의 불황기 속에서 공급과잉을 유지하던 석유 가격이 1978년의 이란 혁명을 계기로 다시 상승함으로써 발생했는데 이란 혁명은 촉발제였을뿐 기본적으로는 OPEC의 산유정책이 변화하여 산유량이 크게 늘지 않는 데다가 소비국들의 석유 대체 탄력성이 매우 낮은 데 그 근본적인 원인이 있었다. 1978년 12월부터 1980년 7월 사이에 석유 가격은 약 2.4배(배럴당 12.9달러에서 31.5달러로) 급등했고, 이것은 세계경제에 다시 커다란 혼란을 일으켰다.

67p.
- **재무부 증권**(財務部證券, Treasury Bill) 만료기간이 1개월에서 1년에 이르는 미국 정부의 단기 유가증권이다. 재무부 증권은 보통 구매가격과 만기 시의 가치 차액과 동일한 수익을 할인의 기초로 하여 경매된다. 만료기간이 1~10년인 재무부 증서(treasury notes)와 같은 장기 정부증권과는 대조적으로 재무부 증권은 훨씬 더 '유

동적인' 투자인데, 대체로 투자에 필요한 현금을 비교적 짧은 기간 동안 묶어놓기 때문이다. 이렇게 유동성이 높아서 재무부 증권의 수익률은 보통 장기증권보다 낮다. 재무부 증권은 다른 정부증권만큼 가격변동이 크지 않지만 중앙은행이 대량으로 증권을 구매하거나 판매하면 영향을 받는다. 1970년 이래 주문의 최저 액수는 1만 달러였다. 제1차 세계대전 동안 광범위하게 사용되기 시작했고, 처음에는 긴급 수입원으로 간주되었던 재무부 증권이 상대적으로 낮은 이자 비용과 좀 더 큰 유연성으로 몇몇 나라에서는 공공부채의 만성적인 부분이 되었다. 재무부 증권은 일반적으로 상업은행에 의해 제2선 지급준비금으로, 그리고 다른 투자자들에 의해 초과자금을 일시적으로 활용하는 수단으로 보유된다.

72p.
● **국채**(Government Bonds) 정부가 공공목적에 필요한 자금을 확보하기 위해 발행하는 채권이다. 해당 연도 세입으로 갚기 위한 단기국채와 해당 연도 이후의 세입으로 상환하는 장기국채가 있다. 정부가 원리금 지급을 보장하므로 기업들이 발행하는 회사채에 비해 안전성이 높다는 장점이 있다. 한국은 국고채권(국고채), 외국환평형기금채권(외평채), 국민주택채권 등 세 종류가 있다. 이 중 3년 만기 국고채 유통 수익률은 우리나라의 시중 자금 사정을 나타내는 기준금리(지표금리)로 사용되고 있다.

73p.
● **어음 할인**(Discounting of Bill) 물품 판매업자는 구매업자로부터 판매 대가로 현금이나 어음을 받는다. 어음을 받으면 만기일까지 기다렸다가 결제를 요구해야 한다. 그러나 보통 만기일 이전에 현금으로 바꾸는데 이를 어음할인이라 한다. 사채시장에서는 '깡'이라는 말로 통용된다.

76p.
● **FRB**(연방 준비 제도, Federal Reserve system) 미국의 중앙은행으로 1913년 연방 준비법에 따라 설립되었다. 대통령이 임명하고 상원이 승인한 이사 일곱 명으로 이루어진 연방 준비 제도 이사회에서 지급 준비율 변경, 주식 거래에 대한 신용 규제, 가맹 은행의 정기 예금 금리 규제, 연방 준비은행의 재할인율을 결정한다.

80p.
● **GDP**(국내총생산 國內總生産, Gross Domestic Product) 일정 기간 한 국가에서 생산된 재화와 용역의 시장 가치를 합한 것을 의미하며 보통 1년을 기준으로 측정한다.

82p.
● **매뉴팩처**(Manufacture) 산업 자본가가 임금 노동자들을 고용하여 도구, 작업장, 원재료 따위의 생산수단을 제공하고 그들의 수공 기술을 이용하여 생산하게 하였던 공장제 수공업 제도이다. 기계 공업의 전 단계로 16세기 중엽부터 산업혁명 때까지 서구 자본주의 사회에서 흔히 볼 수 있다.

156p.
● **대항해 시대**(大航海時代) 15세기 초부터 17세기 초까지 유럽의 배들이 세계를 돌아다니며 항로를 개척하고 탐험과 무역을 하던 시기를 말한다.

참고 문헌

강신주, 《상처받지 않을 권리》(프로네시스, 2009)
강신준, 《그들의 경제 우리들의 경제학》(길, 2010)
기쿠카와 세이지, 《세계 금융을 움직이는 어둠의 세력 世界恐慌という仕組みを操るロックフェラー》 1·2권, 김정환 옮김 (스펙트럼북스, 2010)
김수영, 《김수영 전집 1: 시》(민음사, 2003)
김수행, 《세계대공황》(돌베개, 2011)
몽테스키외, 《법의 정신 De l'esprit des lois》(런던판, 1769)
쑹훙빈, 《화폐전쟁 貨幣戰爭》, 차혜정 옮김, 박한진 감수(랜덤하우스코리아, 2008)
에두아르도 갈레아노, 《수탈된 대지 The Open Veins of Latin America》, 박광순 옮김(범우사, 1999)
장 자크 루소, 《인간불평등 기원론/사회계약론》, 최석기 옮김(동서문화사, 2007)
장 지글러, 《빼앗긴 대지의 꿈 Haine De L'occident》, 양영란 옮김(갈라파고스, 2010)
최진기, 《최진기의 생존경제》(북섬, 2013)
카를 마르크스, 《경제학-철학 수고 Ökonomisch-philosophische Manuskripte aus dem Jahre 1844》, 강유원 옮김(이론과실천, 2006)
카를 마르크스·프리드리히 엥겔스, 《공산당 선언 Communist Manifesto》이진우 옮김(돌베개, 2002)
카를 마르크스, 《자본 1-1 Das Kapital: Kritik der Politischen Okonomie》, 강신준 옮김(길, 2008)
카를 마르크스, 《자본 1-2 Das Kapital: Kritik der Politischen Okonomie》, 강신준 옮김(길, 2008)
카를 마르크스, 《자본 2 Das Kapital: Kritik der Politischen Okonomie》, 강신준 옮김(길, 2010)
카를 마르크스, 《자본 3-1 Das Kapital : Kritik der Politischen Okonomie》, 강신준 옮김(길, 2010)
카를 마르크스, 《자본 3-2 Das Kapital : Kritik der Politischen Okonomie》, 강신준 옮김(길, 2010)
캐서린 이글턴·조너선 윌리암스 외, 《화폐의 역사 Money: a History》, 양영철·김수진 옮김(말글빛냄, 2008)
크리스 하먼, 《좀비 자본주의 Zombie capitalism: global crisis and the relevance of Marx》, 이정구·최용찬 옮김(책갈피, 2012)
피터 L. 번스타인, 《황금의 지배 The Power Of Gold》, 김승욱 옮김(경영정신, 2001)
하워드 진, 《미국 민중사 A People History Of The United States》 1·2권, 유강은 옮김(이후, 2008)
히로세 다카시, 《제1권력 億万長者をハリウッドを殺す》, 이규원 옮김(프로메테우스, 2010)
EBS 자본주의 제작팀, 《EBS 다큐프라임 자본주의》(가나출판사, 2013)

다짜고짜 만화경제학 ②
돈, 금, 달러 이야기

1판 1쇄 인쇄 | 2014년 9월 10일
1판 1쇄 발행 | 2014년 9월 15일

글 김부일
그림 이우영
펴낸이 김기옥

프로젝트 디렉터 기획1팀 모민원, 권오준
영업 박진모
경영지원 고광현, 이봉주, 김형식, 임민진

디자인 네오북
인쇄 서정문화인쇄 | 제본 서정바인텍

펴낸곳 한스미디어(한즈미디어(주))
주소 121-839 서울시 마포구 양화로 11길 13 (서교동, 강원빌딩 5층)
전화 02-707-0337 | 팩스 02-707-0198 | 홈페이지 www.hansmedia.com
출판신고번호 제 313-2003-227호 | 신고일자 2003년 6월 25일

ISBN 978-89-5975-726-8
ISBN 978-89-5975-577-6 (세트)

책값은 뒤표지에 있습니다.
잘못 만들어진 책은 구입하신 서점에서 교환해 드립니다.